Todos los libros de Linkgua Ediciones cuentan con modelos de Inteligencia Artificial entrenados por hispanistas. Pregúntale al chat de tu libro lo que desees acerca de la obra o su autor/a.

Para ebooks: Accede a nuestro modelo de IA a través de este enlace.

Para libros impresos: Escanea el código QR de la portada con tu dispositivo móvil.

Obtén análisis detallados de nuestros libros, resúmenes, respuestas a tus preguntas y accede a nuestras ediciones críticas generativas para una experiencia de lectura más enriquecedora.
La transparencia y el respeto hacia la autoría de las fuentes utilizadas son distintivos básicos de nuestro proyecto. Por ello, las respuestas ofrecen, mediante un sistema de citas, las fuentes con las que han sido elaboradas.

José Lezama Lima

Aventuras sigilosas

Barcelona 2024
Linkgua-ediciones.com

Créditos

Título original: Aventuras sigilosas.

© 2024, Red ediciones S.L.

Diseño cubierta: Michel Mallard

ISBN rústica ilustrada: 9788411267519.
ISBN tapa dura: 978-84-1126-161-6.
ISBN ebook: 978-84-9953-515-9.

Sumario

Brevísima presentación

La vida

José Lezama Lima (La Habana, 19 de diciembre de 1910-9 de agosto de 1976). Cuba.

Nació el 19 de diciembre de 1910 en el campamento militar de Columbia, en La Habana, hijo de José María Lezama, coronel de artillería, y de Rosa Lima. En 1920, Lezama entró en el colegio Mimó, donde terminó sus estudios primarios en 1921. Hizo sus estudios de segunda enseñanza en el Instituto de La Habana, y se graduó como bachiller en ciencias y letras en 1928. Un año más tarde estudió Derecho en la Universidad de La Habana.

Lezama participó el 30 de septiembre de 1930 en los movimientos estudiantiles contra la dictadura de Gerardo Machado. Y publicó por entonces el ensayo Tiempo negado, en la revista *Grafos*, en la que al año siguiente se publica su primer poema titulado Poesía. Hacia 1937 fundó la revista *Verbum* y publicó su libro *Muerte de Narciso*. En los años siguientes fundó otras tres revistas: *Nadie parecía*, *Espuela de Plata* y *Orígenes*, junto a José Rodríguez Feo.

En 1964 Lezama se casó con su secretaria María Luisa Bautista. En 1965 ocupó el cargo de investigador y asesor del Instituto de literatura y lingüística de la Academia de Ciencias. En esa época fue publicada su *Antología de la poesía cubana*.

Su novela *Paradiso* apareció en 1966, fue considerada una de las obras maestras de la narrativa del siglo XX y calificada por las autoridades cubanas de «pornográfica».

Profundo conocedor de Platón, los poetas órficos, los gnósticos, Luis de Góngora y las literaturas culteranas y herméticas, Lezama vivió entregado a la escritura. Murió el 9 de agosto de 1976 a consecuencia de las complicaciones del asma que padecía desde niño.

La obra

Aventuras sigilosas de José Lezama Lima apareció en 1945. Este libro está integrado por diez poemas:

Llamado del deseoso
La esposa en la balanza
Encuentro con el falso
El fuego por la aldea
Tapiz del ciego
Diálogo en una giba
Culebrinas
El retrato ovalado
Tedio del segundo día
y El guardián inicia el combate circular

Escritos en verso libre y en prosa poética, estos poemas escenifican un erotismo elidido, entrevisto en múltiples alusiones no directas a una sexualidad no normativa.

Aventuras sigilosas

(El puerto para aludir al hombre y al toro saliendo. Para trazar las apariencias con esencias, se inscriben la madre, la esposa y el hijo. Sale de la aldea de su madre para hacer letras armadas, para caer en otra aldea donde sus deseos inflan la arcilla, pero de allí también se huye al no procurarle la criatura ni la rumia de la noche placentaria, sino la suerte de su penetración. En una noche portuaria con soltura de oportos y guitarreos, el maduro es tocado por alguien que se quiere colgar como de su sangre, pero sin preocuparse de aciertos continúa su trecho más penetrador, buscando un cuero más duro, una piel imposible. De regreso, el fuego devoró a su madre, donde su madre podía haberlo devorado a él. Un breve rodeo para no encontrarse con la posibilidad de la esposa [el principio formal]. Queda ciego y casi ciego. Los dos guardianes dialogan sobre la excepción del Jorobado. Decide ir a los Países Bajos, para escaparse de las hechicerías y súcubos que han puesto tienda hasta en la Vasconia, para ver como un buey, guerrear, discutir y pasar. Allí se ata con mujer protestante, pero ella se desata. Ella y sus dos hijas lo atosigan. En los tres días de agonía, mientras el veneno lo nutre con aguas malas, el maduro desinfla a su mujer y la ve como madre [el retrato ovalado]. La hija le apetece entonces como mujer, y su carne, en el segundo día de agonía, cuando ya empieza a inmovilizarse, balbucea un lenguaje como el hongo de la muerte en su lengua. En el tercer día de agonía, cree poder interpretar a su hijo que se acerca en el amarillento tinte rosa de la hija de la protestante.)

El puerto

Como una giba que ha muerto envenenada
el mar quiere decirnos ¿cenará conmigo esta noche?
Sentado sobre ese mantel quiere rehusar,
su cabeza no declina el vaivén
de un oleaje que va plegando la orquesta
que sabe colocarse detrás de un árbol o del hombre despedido
por la misma pregunta entornada en la adolescencia.
Un cordel apretado en seguimiento de una roca que fija;
el cordel atensado como una espalda cuando alguien la pisa,
une el barco cambiado de colores con la orilla nocharniega:
un sapo pinchado en su centro, un escualo que se pega con una
    encina submarina.

La rata pasea por el cordel su oído con un recado.
Un fuego suena en parábola y un ave cae;
el adolescente une en punta el final del fuego
con su chaqueta carmesí, en reflejos dos puntos finales
    tragicómicos.
La presa cae en el mar o en la cubierta como un sombrero
caído con una piedra encubierta, con una piedra.
Su índice traza, un fuego pega en parábola.
La misma sonrisa ha caído como una medusa en su chaqueta
    carmesí.

El alción, el paje y el barco mastican su concéntrico.
El litoral y los dientes del marino ejecutan
una oblea paradisíaca para la blancura que puede
enemistarse con el papel traspasado por aquél a otro más
    cercano.

El barco borra el patio y el traspatio, el fanal es su máscara.
Se quita la máscara, y entonces el fanal.
Se apaga el fanal, pero la máscara explora con una profunda
  banalidad.
Entra el aceite muerto, los verdinegros alimentos de altamar,
a una bodega para alcanzar la medida vivaz como un ojo
  paquidermo.
Como una pena seminal los hombres hispanos y los toros
  penosos
recuestan su peso en la bodega con los alimentos que alcanzan
  una medida.
Al atravesar ese hombre hispano y ese toro penoso revientan su
  concéntrico.
Un fuego pega en parábola y el halcón cae,
pero en la bodega del barco ha hundido lo concéntrico oscuro,
  penoso,
lo mesurable enmascarado que aleja con un hilo lo que recoge
  con un hilo.

Llamado del deseoso

Deseoso es aquel que huye de su madre.
Despedirse es cultivar un rocío para unirlo con la secularidad de
 la saliva.
La hondura del deseo no va por el secuestro del fruto.
Deseoso es dejar de ver a su madre.
Es la ausencia del sucedido de un día que se prolonga
y es a la noche que esa ausencia se va ahondando como un
 cuchillo.
En esa ausencia se abre una torre, en esa torre baila un fuego
 hueco.
Y así se ensancha y la ausencia de la madre es un mar en calma.
Pero el huidizo no ve el cuchillo que le pregunta,
es de la madre, de los postigos asegurados, de quien se huye.
Lo descendido en vieja sangre suena vacío.
La sangre es fría cuando desciende y cuando se esparce
 circulizada.
La madre es fría y está cumplida.
Si es por la muerte, su peso es doble y ya no nos suelta.
No es por las puertas donde se asoma nuestro abandono.
Es por un claro donde la madre sigue marchando, pero ya no nos
 sigue.
Es por un claro, allí se ciega y bien nos deja.
Ay del que no marcha esa marcha donde la madre ya no le sigue,
 ay.

No es desconocerse, el conocerse sigue furioso como en sus días,
pero el seguirlo sería quemarse dos en un árbol,
y ella apetece mirar el árbol como una piedra,
como una piedra con la inscripción de ancianos juegos.

Nuestro deseo no es alcanzar o incorporar un fruto ácido.
El deseoso es el huidizo.
y de los cabezazos con nuestras madres cae el planeta centro de
  mesa
y ¿de dónde huimos, si no es de nuestras madres de quien huimos
que nunca quieren recomenzar el mismo naipe, la misma noche
  de igual ijada descomunal?

La esposa en la balanza

La siembra del violín o de la hoja,
no la punta del cono hacia dentro de la sangre azucarada;
un deseo en la baba del caracol
que afeita en nuestros sentidos toda la transmutación
del rostro en el círculo de cobre que no gira.
Ese afán tan del pecho no balanceado,
sino fijo como un pellejo de vino, de recorrer cabellos,
de seguir el hilo del bocado ajeno.
Oh, mi mano que vas impulsando el río,
te detienes en los pechos y allí quieres soplar,
no en un tren ni en un barco, en los techos
caídos por un agua arrastrada.
De ese arrastre en que el río pesa más que la casa
y más que el fuego cuando se dirige al dosel del estrado.
Pero salimos con dos pares de bueyes
y los bueyes suenan en la canal del arco iris.
Pero salimos también con nuestra sustancia malgastada,
filtrándose por lo que mira como el ramaje
cuando le toca un pájaro rodado en una muerte oblicua.
La muerte oblicua es tirar del ramaje.
La recta va en un túnel regalando manzanas.
Sabe llegar, no como un gimnasta que se despide,
sino como el que lleva sus manos en un saco de mármol
  ablandado.
Fluye como el fuego cuando el noroeste lo sopla,
va del manglar a la tortuga quemada,
pero sus dos ojos tesoneros como una garza melancólica.
Después de todo es una flor y así también es una flor.
Así también es una flor en la boca del esturión carnavalesca.

Después de todo el pez y su flor tienen que ir a la balanza.
Tampoco duerme en la balanza el hombre recamado de consejos.
Tiene una espuma oscura que le llena la nube en cuclillas que sale
   de su boca.

Encuentro con el falso

Si al caminar el hijo vuelve como una piedra al arco en flor.
Si se camina, alguien se cuelga: yo soy su hijo.
Está usted olvidado y una llovizna va acompañando
el pisapapeles caído a tiempo en una espalda desgobernada.
Si se pasea por los olores que unen al puerto y al matadero,
una risota que va saliendo de alguna gorra como un cangrejo
cuelga del hombro del caminante del extramuro: yo soy su hijo.
No nos importa, lo reconoce; reconocer va caminando y el
    conocer en la tortuga mata callando.
Sube y le toca un collar hecho con los eructos de negaciones de
    Jove ebrio.
Le enseña un mondadientes de sobremesa de la cantante de
    cuatro esperas.
Ese palillo vuelve animado, gira en el globo
que va pasando de mano en mano de los marinos a la cuchara y
    la cucaracha.
Cuando le toca un brusco polvo se tiende en capa que evita el ojo.
El polvo quiere pasar e interrumpir; la mirada sabe retroceder.
Lo que desciende, de escala a oscuro, las sanguijuelas con las
    pezuñas amoratadas,
se va trazando un humor vítreo que desconfía del cristal doble de
    la mentira
del que pasea y del que cuelga, como una percha en la obra
    muerta, a la mentira del que pasea.
No soy, pero yo digo que soy su hijo, pero me cuelgo y la risota
    tiesa y marina.
Pero el que pasea y pisa cuadrados y pisa círculos desvencijados
    por la mentira y los va pisando

como una pulga y una uva que en nuestros labios despiertan al
    reventar.
La pulga estalla en unos labios, en los adentros de medianoche de
    los estuarios
pica su flor. La pulga sabe como una uva, no quiere recomenzar,
    sabe estallar.
Si por la verja pasas la mano cuelgan las hojas de un cordel lacio.
Si por la verja del que pasea por los oscuros pasas la mano,
el hijo falso como una escoba cuelga vejigas que ya han sonado,
como pendientes de artesonado los grandes hielos vuelven para
    emigrar.
Una risota que va saliendo de algún bolsillo desvencijado
mezcla yo soy su hijo con una lengua sucia de espadas que va
    camino con sus hormigas a su puntal.
Lépero maduro entra en su útero como un cangrejo humedece su
    galerón.
En su bolsita de calcetín sobresudado el mondadientes de la
    cantante sigue sudando
y la risota del *soy su hijo* sigue saliendo de los bolsillos y de las
    gorras,
como el marino pica en su flor al ir pasando a la cuchara y la
    cucaracha.

El fuego por la aldea

I

El viento preguntó en las ventanas y el zorro
de rabo de azufre con escaladura.
El fuego rizó una veleta
que dejó abandonada un papel de acordeón.
El fuego cantaba en la estancia
por donde tiene que pasar un perro
primero que el tigre que transportó en su cola
un cordel, un papel suspirado.

El aire cultivado por el diálogo en las terrazas,
rizando los círculos manchados del elástico manchado,
irrita un color que habita los disfraces de la grulla melómana.
El amarillo pasa al ojo del tigre canoso
y la escarcha, como la rama apoyada en el río,
destruye la imagen ligera
y cose su piel con la piel de la hoja.
Los reflejos en los ojos del tigre
frotarán las ramas, bañarán las arenas,
los desarreglos de una aurora alterada.

El zorro retrocede a un arreglo de columnas
y las va impulsando a golpes de rabo
y de dientes de despedida.
Las columnas avanzando cultivan las llamas,
retrocediendo dedican las cenizas.
El zorro pega con el rabo en una columna salomónica.
El zorro azul escoge la redondez partenopea.

Cuando las columnas ruedan, el zorro salta.
Cuando el zorro salta sobre las columnas,
la aldea murmura su plumón naciente a medianoche.

El zorro con sus patas como flautas,
salta sobre el pellejo de la noche
rociada con un alcohol que nos envuelve,
como si fuese harina con piedras islotes.
Pega con el rabo donde hay una escala dura.
El guiño del zorro evita la sonrisa.
Salta, orquestando el fuego,
afilando con sus patas de flautas el viento noroeste.
No deja, sopla, no deja.
Deposita su melena en una columna y la va a buscar con los
   dientes.
Salta como si fuese a buscar a un hijo
iniciado en la corriente por la trucha aceitada.
Pega con el rabo esparcidor desmantelado.
Salta las cuatro columnas necesarias.
Innecesarias brisas culteranas
no esparcen las cenizas, pero aquel tatuaje se acerca
removiendo la boca que me lleva.

Despide el papel de acordeón una quietud
mientras la mano puede acariciar la yerba y los pisos de la aldea,
ninguna casa cerrará su pronto paseo.
La razón del inicio del fuego convertida en un suspiro
se desmonta del caballo, vuelve, se hila
en el huso de una torre sin consuelo.
Sereno mecido, el junquillo
golpea unas botas que agrandan la mesa y la aldea.

II

Su indócil arañar.
Extraño recorrido: arañar.
La misma baba del precipicio
mueve sus espirales descifradas
en la anchurosa muerte.
Las nubes se deshacen
mientras la muerte danzada se endurece como un globo.
Es un globo de terciopelo carnoso,
hinchado por nuestras entrañas,
ocupando como un viejo salmonete
el agua estancada de nuestra frente.

La humedad de lo oscuro
toca esas escoriaciones de la piedra,
esos puntos raspados por nuestro furor caedizo
y deja los colores inferiores del ropero o del lagarto.

La humedad raspada por el tiempo
en los seres recobra su polvo de alfiler,
que la recorren como la avenida
por donde pasan los ancianos de polvos de arroz,
de sutiles abortos, los que llevan una caja
con el sombrero viejo,
mientras que el nuevo sería la mejor señal
para caer en la trituración del tiburón,
para que empiece su masticación semejante
a los arañazos en el mismo precipicio
que los roedores pueden vencer sin alterarlo,
dejando cuando duermen un signo nacido de la trituración.

Ese talco marino que la piedra deja caer
cuando su manera de emponzoñar a la muerte
es de pronto interrumpida
por un instante que la araña,
rocía la piedra oscura que atraviesa
las aguas y llega al fuego de cocción.
El gato blanco de crin leonina disfrazado de negrura
empuja la bola de circo, devoradora de rostros.

Tapiz del ciego

I

Extiendo un paño roto, vistoso,
pero la Luna gira,
crece hasta su sombra como árbol sarmentoso
que en sus límites expira.
Y así construido de flujo escamoso,
el vino tinto raspa el ave lira.

En una tierra de presos pintados
que alzan un escudo con polvo y una rosa estañada,
donde ninguna casa puede ser visitada
porque todos sus números están siempre borrados.
En la primera casa que hemos tocado
el número en nuestra espalda quedó señalado.

Si la lujuria borra nuestro sentido,
el sueño le retoca cuando el cuerpo voltea.
Oscuro laberinto derretido,
despierto, con crecidos colores pintorrea.
La marea alcanza la altura del oído
y allí el coral golpea.

En cada casa toca, no suceda
que mi arenosa mano se pervierta
al recorrer el gamo de seda
mientras mi cuerno canta la primavera muerta
y sangre le tiñe almeja en guardia leda
al doncel que en árbol se convierta.

Si la ceniza suave de cautelas
envuelve una cabeza que se achica
aún ciñendo ricas telas;
mascando el caballo ejercita
la lenguaraz cola de estrellas
y ahuecado escorpión se precipita.

Como ebrios que han llegado a una isla desierta,
la lluvia rodea la mirada.
En cada rincón el ojo de una puerta
multiplica el devaneo de la forma sellada.
Reverso de la puerta, la seda, tocada,
al gusano desconcierta.

Después ese ebrio no pregunta,
cómo una concha lo detiene la brisa.
Se queda cada pregunta trunca
aunque truene el árbol de la sonrisa
y el látigo voraz cejijunta
los ojos en la cola del pavo real que se irisa.

II

Después de la ebriedad queda ciego,
altivo milagro le concede
la cuenca del coral y el fuego.
Y cuando pinchada la mirada excede
la nueva luz en danza de sosiego
se nutre de otra luz de espejo a la que cede.

Su ceguera lasciva

le pervierte el nuevo cuerpo de hermosura
en el que su mirada caída se encuentra fugitiva.
Su cuerpo se abandona a la corriente pura.
El primer remolino le hace la mirada guarnida;
el último, le fabrica la hondura.

Ante ese ciego carezco
de toda ayuda que me excluye
del mismo manjar que ofrezco
y que el dios ciego restituye,
como si ese dios detrás del abanico
al hombre ciego instruye:

La orden a medias recibida,
clava cada cien metros una vara escamosa
y recórrela con tu mano dormida.
Al despertar una arena olorosa
se irá como tierra metida
a lanzar en tu cuenca la fiebre milagrosa.

Espera en un tumulto consagrado
y queda intocablemente mudo.
El griterío de un nuevo poblado
tiene que caer en tu embudo.
Todo sueño hará su ola antes de ser olvidado
y el olvido copiará su desnudo.

El ciego le dará una patada a su perro
y el perro quemará su cigarro
apretándole la cintura a su encierro,
pero aunque sea rojo su desgarro,
prefiere mover la cola en el círculo de su destierro

a metamorfosearse en garduño de colmillos y tarro.

La voluptuosidad del ciego se hincha suavemente;
su mirada puebla y despuebla,
como el olor en la sustancia se escapa de lo ardiente
y el oro de hielo de la niebla.
La embriaguez del ciego es dulce y paciente,
se saca de su hondura y toca a un amigo que tiembla.

Diálogo en una giba

Cocardasse:

¿Sabe él que tiene esa giba
y se ríe?
Si la restregase en un espejo
repartiría limosna día y noche.
Sin embargo, su giba se mueve sospechosamente.
Entre su giba y los costurones que la ciñen
parece que hay una piedra.

Passepoil:

Cae su cuerpo como una máscara.
Parece que de noche lo descansa
en otra cama que no es la suya.
¿Dormirá esa giba
con alguna salamandra húmeda?

Cocardasse:

Como la sangre corre con colores
por un rostro de acento dibujado,
y de pronto en un país giboso
contorsiona, y la piel en pezuña
convertida suda vinagre mal batido.

Passepoil:

Cuando sueña su cuerpo se introduce

en un país abrupto sin gobierno,
la roca con destellos especiales
soporta su espalda sonriente.
En ese monte carnoso descansado,
invenciona la brisa y la corriente
que le bate las hojas.
Al despertar es costura oscura
entre incesantes tumbos
se recuesta en un dios oscuro que no mira.

Cocardasse:

Su ligereza y su fuerza se mantienen,
conduciendo rudas canciones enlazadas.
Se mueve como si rescatase de las llamas.
Una pinza suave, estilete
suficiente, extiende el brazo
en otro estilete prolongado.
Se clava en la prisión movible
que tiene que soltar,
abrir una marcha silenciosa.

Passepoil:

El ojo del canario siempre es viejo,
ancla en el puerto de la giba.
La espina plateada por el gato
se introduce más en el ojo
de la noche sentada en una giba.
La espina entona un *allegro* ofensivo,
tienen cuerdas esas cuerdas vocales.
Sus dedos graban una madera purulenta

un poco de fango y la anciana sardina.
El ojo del canario nace viejo.

Cocardasse:

No me interrumpa el ojo del canario.
Veo los brazos en arco repasar
las pinzas en que van a prolongarse,
así el cangrejo sonríe en una gruta
repasando sus nuevos brazos duros
para el esqueleto de la semilla, pan dañino.
Así el cangrejo sonríe en una gruta
y el pájaro indiferente en una giba.

Passepoil:

La cauda de sus pies, bailables finos,
y la festiva sangre en su corriente,
aseguran un cuerpo en su sangre detenido
y no otro de apoyo y mal humor.
Rompiendo oscuros seres descompuestos
le suelto una vida que no tiene.
(Desconoce, está en su alimento transcurrido.)
La misma caja llena distintos recipientes.
Deposita la giba, las cenizas,
el ojo del canario y sus pellejos.
Entresaca un sombrero, no lo mira,
y en la orgía del vinagre hasta el fin
cerrado suena.
¿Confiado escucha?

Culebrinas

Las culebrinas de la hechicería han llegado hasta el país de los
 Vascos.
El magistrado Lancré, severo, enviado de Castilla, sentado en la
 tinta de su memorial.
¿Hay que confesar que hubo pacto con el Diablo o simple
 adivinación?
Se ha nombrado una dignidad para las fiestas del Diablo, el
 Obispo del Sábado.
El feudal Lancinena acepta la designación, mientras Lancré en la
 plaza pública
tiene que tocar el violín para que se alejen cuatrocientas brujas.
Son brujas hijas de pescadores, tan atrevidas navegantes como
 Eriko el Rojo.
Lancinena prepara su primera fiesta, como los adolescentes
 diseñan su primera cópula.
Los protestantes bajo capa torcida han impuesto en Trento la
 doctrina de la justificación.
Un griego desnudo de la época períclea hubiera saboreado la
 doctrina de la justificación.
El Diablo no inquiere las cenizas, habla contoneándose en la
 cátedra de la flor roja.
En la segunda pieza, Lancinena vio cómo el Diablo poseía a su
 hermano menor.
Si hubo consentimiento en el pasivo, no hubo pecado.
¿Cómo unir en el que peca la voluntad actuante y el
 consentimiento?
Dejo aquí los finales del Lysis: usted y yo somos amigos y no
 sabemos lo que es la amistad.

En Dios la voluntad y la inteligencia se extienden en un solo
   brazo que penetra en el mar.
Pero en el hombre, la voluntad escupe y la inteligencia mastica.
Nuestra voluntad reparte la sal marina, la pimienta terrestre y la
   lengua divina.
Lancinena con los violines en sordina, en la tercera pieza rueda
   en epilepsia.
Pero antes oyó que la flor roja se hinchaba en chispas concretas y
   se trocaba en la orquídea del barítono.
La flor borracha como un gallo repetía: *ubique daemon, ubique
   daemon*,
el demonio está en todas partes y su cabeza se esconde en la flor
   roja.
El pago de esas tres piezas fue que Dios lo roció con estigmas y
   lepra.
El rojo de lepra une el escondite del Diablo y la alabanza del
   Señor.
El barítono nonchalante al verlo leproso decía: *ubique Deus,
   ubique Deus*.
Dios está en todas partes, pero la lepra lo enredaba con mugre y
   arena sulfúrea.
Se ordenó que su piel tejiese rasgueos violetas en un aguamanil
   con clavos de olor.
Refulgía podrido como cuando borracho sacaba la espada.
Su piel de pastora era rehusada por el barbero del pueblo.
Para superar al Diablo, Dios tuvo que abrillantar el cuerpo
   leproso,
decían el barítono y el barbero paseando hasta la fuente donde
   cae el caballo risible de alas enmieladas,
y provocar el grotesco ruido de Jehová cabalgando el Gran Pan.

El retrato ovalado

Huyó, pero después de la balanza, la esposa se esconde como
  madre.
Sus falsificaciones, sus venenos son asimilados como almejas.
La esposa quiere ser una concha y pegar suave como el molusco,
pero como un retrato se adelanta y escarbamos en la ceniza de la
  grulla.
Quiere desinflarse por la boca como un molusco y es un retrato,
  telarañas y un ojo que se mueve.
Cuando duerme las ráfagas del veneno en el vientre le echan
  pisos.
La abandonada, en el sitio de la madre, descorre las cortinas y
  tontamente sonríe.
No sabe, él corre despaciosamente las cortinas, la alquimia
  familiar de su veneno.
Pero él tuvo también que envenenar colocando en el sitio de la
  madre.
El marco del retrato mide la casa estancada.
Escarba en la esposa, el pozo abierto se llena con la tierra que
  sopló ya
hacia delante y ahora se adelanta en el humo ovalado.
Las mismas polillas retardadas pesan más que el novísimo
  cangrejo en su galerón.
La vaca se hace más egipcia al comerse su placenta, es delicioso
  escarbar en un plato sucio,
y se le entregan los retratos como la pianola en el naufragio.
El deseoso que huyó paga viendo en la esposa la madre ovalada,
pero el que viene de lo oscuro mentiroso puede volver a
  elaborarlo sentando a la esposa en la balanza.

Si no fuese por la flor exterior, que nos mira, donde volcamos las
  piedras
de nuestras entretelas, lo oscuro sería un zumbido quizás más
  suave pero inapresable.
Es un trabajo también sobre la materia que no fija su último
  deseo.
También el principio formal brota entrañablemente, pero necesita
  una materia que llega
a sumergirse con la intensidad tonta de un arabesco. El principio
  formal babea.
Los atrevimientos formales son la alfombra de cera en una
  plancha roja que recibe
a la gota de agua, como si fuese una gota de gallo raspada por un
  espadón de piedra frotada. El principio formal babea.

El principio formal
¿tiene entrañas y escudo?
Su esencia es un embudo;
su forma, el calcañar.

Ya dentro, su saludo,
escuece el hálito vital.
Cangrejo linajudo
le saca la raya al mar.

El principio formal,
sonríe como cornudo
tapando el lagrimal.

Más acá del bien y el mal,
rajando testarudo
lame el principio formal.

Los atrevimientos formales
no sacan cristal de la tierra.
Sus desgañites palpebrales
el agua lustral no encierra.

Escoge máscaras labiales,
la boca muerta cierra.
Es jugo el aire que se encierra
en las sanguíneas espectrales.

Un pichón gordo resbala.
El alambre su cresta enarca,
el pichón dobla la escala

y exhibe su modorra parca
en las lecturas zodiacales,
pavón de atrévetes formales.

Tedio del segundo día

El descenso del amor consagrado
por un fervor nuevo, por un aceite de jugo
reciente como el agua de reciente caída.
Así la uva nueva destruye los paisajes morados.

Lo que viene de otra sangre tocada,
creciendo como las hojas errantes,
vuelve sobre lo carcomido con furias tempranas,
como el juramento atrae el vino irreverente.

Detrás de la cortina, envía la otra sonrisa desvaída,
mientras él gira en una bandeja demasiado pequeña.
Sus deseos marchaban de la figura a la increada medusa,
no de lo palpable a un recodo de sombras.

Siempre una luz negra cayendo sobre un paño sin nombres.
Hablaban, pero veía detrás de la figura dialogada,
un entretenimiento sin forma convenida
que va de la silla al desván sin tocar los consejos.

Hablaba y abrazaba lo que se brindó, y él aceptó,
pero la muerte oblicua tiene un novísimo ácido.
Hay algo primaveral que se congela en el suspiro
y rueda hasta encarnar en otro cuerpo duro.

A su mirada oblicua que saltaba su suerte establecida,
una sonrisa inmóvil corona el segundo día de su agonía.
Perseguía lo inasible, ofuscado en abiertas claridades,
escondido detrás de los rostros que le daban su boca.

Cuando llega a la silla de oro de las despedidas,
sus deseos estallan en melodiosas flores acuáticas.
Al pasar el dulce mohín de una sombra moaré,
las hojas con rocío impulsan su fuga hasta el retorno.

Qué perezosa muerte al tocar nuevos ecos sus cristales,
ve llegar innumerables rostros en escalas fugaces.
Lo fugaz se redondea en nuevo verdor transitorio,
así las hojas saltan de una alfombra a otra alfombra mayor.

Del tronco húmedo, refugio de aves blancas,
la carne vegetal vuelve con su látigo henchido.
La sonrisa resurge de pronto iluminada
donde un dedo apuntala un silencio suspenso.

El mismo gesto, la sonrisa escapada de la propia saliva
en otra carne trae su hilo y su secreto.
En largos vuelos cae en el centro del tejido primero,
la ceguera marcha hacia un remolino incesante.

Los deseos cercan el cuerpo en otro cuerpo fugado.
La mano que ya pesa más que la mosca repleta,
inmóvil quisiera vulnerar el peso que en la luz
naciente va impreso. Los deseos como las hojas sopladas.

El guardián inicia el combate circular

Lo hecho para perseguirse comienza con un maullido. Y la esterilidad de los vacilantes senadores descorre ese maullido como trasciende la joven cabeza de tortuga entre la yerba antediluviana. Así de sus senos, de sus cinturones blanduchos, almibarados, fluye una simpatía discreta, como un suspiro entre dos columnas, como la joven tortuga entre dos yerbazales indios, techo movedizo arañado por una sierra de carpintero de mano dura y labios suaves, apuntalados por un violín y acabados por una almeja.

No se le despierte confianza ni ponga su mano en el carapacho de una guitarra que barre las baldosas de la Luna circunspecta. Un alambre electrizado, en el arco de círculo golpeado por un tamborilero asustado, rueda por las hojas en los días de lluvia, cuando la lluvia pone su gusano sobre las hojas, y las hojas quieren saltar la emoliente cabalgadura del gusano, y no puede. Jamás. Retrocede y no puede. Ícaro, sapo, no y escóndete, vuelve y empieza, no toques nada, sapo, Ícaro. Como la fatalidad que cae con su lágrima en un ostión, si respiro una flor tiendo a la obesidad, y si no, tiendo a la melancolía.

Un animal prolongado, de hocico felino y brillantez escamosa, inicia su fuga con cierta elegancia desorbitada. Ha estado en las grutas donde los peces por los descensos de los mares se han ido incrustando en los paredones, y sus uñas de madera raspan despiadadamente aquellos cuerpos volcados con hondura insaciable sobre las piedras, pero donde todavía una espina, un ojo rebanado guardan una cultura marina con

celo y ardor. Durante algunos días se esconde en la copa del
árbol resinoso, tan molesto e hiriente como la casa con el
esqueleto del pez incrustado en las paredes, y ve un oso hor-
miguero ya sin dientes, que por costumbre, pues ha perdido
la totalidad de su útil sin hueso, lanza un soplido malicioso
en los agujeros azucarados donde las hormigas, los cundea-
mores, pedazos de uvas caletas y de madera de cornisa con
polvos de murciélago, son volteados al aire, como el borra-
cho homenajea a la noche lanzando sus medias en una espiral
silbada, y por la mañana el oso hormiguero y la media son-
ríen en su grupo escultórico. La lengua del oso hormiguero
esclavizándose, penetrando, es tan imponente como la media
que el exceso lanza flemático y solemne.

Pero otro animal, de músculos encordados y disparados, se
cree el guardián. Vigila la gruta, y no entra. Mira incesante-
mente la copa de los árboles, y no salta. Despanzurra al oso
hormiguero sobre las rocas y desprecia los peces imposibles
que quieren subirse a los manglares. Con su collar, su man-
díbula, vigila los caprichos del otro. En los cristales donde se
columpia el halcón del alcohol, saltando de botella en botella,
aunque no se le vea, se le niegue la mirada y el cuerpo desme-
moriado afirme secamente que no hay ningún vitral que deje
pasar la mirada y que si pasó y no saludó es que ha estado
pasando inmemorialmente como una banda china, como los
pescadores portando resinas alrededor del náufrago que tie-
ne en el ombligo condecoraciones ablandadas y estrellitas de
mar. La primera vez, miró sobresaltado, contento de sentirse
perseguido; la segunda, con indiferencia; la tercera, con asco.

Mientras que el agónico de tercer día se mueve persiguiendo
una mosca más pesada que sus brazos, la hija menor de la

protestante, descorre suavemente las cortinas, comprueba el cuerpo endurecido y la lenta espesura de sus brazos, y sonríe dejando caer el cortinón. Se acoge a la sonrisa y el gesto donde los oscuros se confunden y donde todo fluye indistinto. Y entre los animales anteriores comienza una tenebrosa batalla de círculos veloces, entrecruzados por lluvia y escarcha. O por lentos terrones que hunden un hocico, precisan un alfiler o fijan con un dedo a la mariposa hasta hacerla sangrar (sangre de sueño blanco, de ausencia asquerosa y de sanguinolento picadillo de cresta de gallo).

De pronto, aparece como un mortero vegetativo, formado por láminas de troncos de palma, unidas por saliva gorda, formado también por una arena sucia que forma la arena al frotar la montura del carey. Sin embargo, su círculo está formado tan diestramente que solo un tornero mostrando su habilidad sobre troncos podridos podría conquistar una redondez tan considerable, un despacioso abismo hecho a voluntad en el abullonamiento de una nube nutrida con las cenizas de una grulla líquida, jovial, pero pastosa.

El final esperado del animal que mira y no salta, y el que contempla la espina dorsal introducida en los terrones solitarios, debiera ser la penetración de una pezuña en una entraña, de un pie golpeando una cabeza recostada en largas velas como almohadas. Pero continúan su desdicha tenebrosa. Marcha y timbal en repiqueteos escandalosos que abren una larga continuidad de campanillas. Un remolino que no deja escapar hasta perder la raíz de las fuentes de Roma. Los maullidos continúan pasando a escape por la Villa Médicis, un remolino que eleva el círculo de los dos animales, pero que no prolonga sus brazos indefinidamente ni abre su boca para comprobar su adolescencia. Si se mira una espina dorsal o se mira la copa de los árboles, la persecución es inmemorial y no se introduce una espina en la ceniza de la grulla pastosa.

No se puede comprobar el animal perseguido como un gato, aunque sus instintos son gatunos. No se puede comprobar como un gato aunque la persecución no se inició en un tejado ni el puño escondía la bola sedosa de un laberinto. Llegaron hasta los límites del bosque, ninguna brigada vislumbraba. El animal que raspa la espina dorsal y el que mira y no salta, se han constituido en Gran Armada de devoradoras humaredas. No se sienten unas aguas pausadas, que ruedan, que podrían separarlos para que cada uno hincara su destino. El círculo se rompe porque el de la espina puede saltar.

Salta dentro del mortero de vegetales. Cree que ya recabará su innombrable. Su quietud es su salvación. Y empieza a sentir la voluptuosidad húmeda. Su humedece como ante un espejo carnal. Y espera que el que no puede saltar gire como un cántaro sobre su propia ruptura. Después de todo es un pedazo de blanduras, no una flor firme y pellizcada. Y ya empieza a lamer las hojas del tronco de las palmas, como si la saliva y la humedad se comprendieran desde lejos, como de cerca se aprisionan y disminuyen.

Ah, el que no puede saltar, el que no puede ser bailarín. El que de noche está inutilizado como los labios por la madrugada. Y su ronda es espantosa, porque en cada casa que quiere penetrar le brindan cerveza, le escuchan y le vendan el ojo traicionado que habló a destiempo y recordó figuras golosas que se colaban por las axilas como las arenas en la digestión asustada del esturión.

Pero el que no salta penetra. El que no baila recuesta la frente en las dos manos cruzadas y suelta como una pólvora un vals demorado sobre cada sospecha. Ah, no bailo en homenaje a la claridad comunicante, pero mi sueño es espeso, incomprensible en su apagamiento, en su despedida. El que espera, el que no puede saltar, suda perplejo. La Gran Armada vacila y la brigada anterior sueña con refuerzos que nunca llegarán. El hocico del animal segundo se hunde frenético en el tronco vaciado de las palmas. Lleva por la cabeza al animal guardián de las espinas hasta el paredón inexorable y lo suena innumerables veces en innumerables muertes. La boca grande ha triunfado sobre el hocico. El que busca la espina dorsal es más débil que el que no puede saltar a la copa de los árboles, pero la sombra que cubrirá lo que tiene que ser mirado para siempre es pavorosa. El cuadro último es una desviación de la luz que aclara la sombra húmeda de las láminas del tronco de las palmas. Así se forma un grupo tenebroso que reemplaza al misterio vinoso del cuerpo aislado. La amistad sometida a la humedad, a la mejor interpretación del rocío vegetal, quiere crear un nuevo misterio capaz de nutrir el baile de una nueva figura. La furia del que no puede saltar, penetrando las láminas húmedas y alzando en su cólera siniestra el devoto de las grutas espinosas, quiere crear una nueva posibilidad de zozobra. Asoma por encima del mortero una cabeza afilada en una noche cautelosa de artificios. Después, su cuerpo se pierde en un vacío momentáneo. Pero otro cuerpo que ha traspasado la resistencia del tronco de la palma penetra insaciablemente. Aquel centro desmesurado ha servido para formar una nueva defensa voluptuosa; el círculo se ha roto para favorecer la penetración del que no puede saltar, pero puede penetrar la humedad resistiendo en el tronco de las palmas, el hocico fino, de fiebre escamosa que mira la cultura marina raspando la espina dorsal aplastada en los paredones. Un gruñido continúa apuntalando al que no puede saltar. Sorprendedle, se entretiene en hacer nuevas figuras para que sobre ellas el paredón que se derrumba, como una aprobación que aplasta los morteros que vencen al círculo, por una penetración tan rápida como el fuego pega en parábola y el halcón cae sobre el toro penoso en la bodega del barco.

Libros a la carta

A la carta es un servicio especializado para
empresas,
librerías,
bibliotecas,
editoriales
y centros de enseñanza;
y permite confeccionar libros que, por su formato y concepción, sirven a los propósitos más específicos de estas instituciones.

Las empresas nos encargan ediciones personalizadas para marketing editorial o para regalos institucionales. Y los interesados solicitan, a título personal, ediciones antiguas, o no disponibles en el mercado; y las acompañan con notas y comentarios críticos.

Las ediciones tienen como apoyo un libro de estilo con todo tipo de referencias sobre los criterios de tratamiento tipográfico aplicados a nuestros libros que puede ser consultado en Linkgua-ediciones.com.

Linkgua edita por encargo diferentes versiones de una misma obra con distintos tratamientos ortotipográficos (actualizaciones de carácter divulgativo de un clásico, o versiones estrictamente fieles a la edición original de referencia).

Este servicio de ediciones a la carta le permitirá, si usted se dedica a la enseñanza, tener una forma de hacer pública su interpretación de un texto y, sobre una versión digitalizada «base», usted podrá introducir interpretaciones del texto fuente. Es un tópico que los profesores denuncien en clase los desmanes de una edición, o vayan comentando errores de interpretación de un texto y esta es una solución útil a esa necesidad del mundo académico.

Asimismo publicamos de manera sistemática, en un mismo catálogo, tesis doctorales y actas de congresos académicos, que son distribuidas a través de nuestra Web.

El servicio de «libros a la carta» funciona de dos formas.

1. Tenemos un fondo de libros digitalizados que usted puede personalizar en tiradas de al menos cinco ejemplares. Estas personalizaciones pueden ser de todo tipo: añadir notas de clase para uso de un grupo de estudiantes, introducir logos corporativos para uso con fines de marketing empresarial, etc. etc.

2. Buscamos libros descatalogados de otras editoriales y los reeditamos en tiradas cortas a petición de un cliente.